DEN ULTIMATIV KOGEBOG TIL DIN HOLLANDSKE OVN

100 LETTE MÅLTIDER AT LAVE I DIN HOLLANDSK OVNMED 8 INGREDIENSER ELLER FÆRRE

Victor Johansson

INDHOLDSFORTEGNELSE

INTRODUKTION

Hjemmekokke ved, at den hollandske ovn er den originale langsom komfur og den mest alsidige gryde i køkkenet! Fra salte måltider til søde desserter, supper til gryderetter eller den perfekte grydesteg, den hollandske ovn er dit køkken, der er afgørende for en-gryde måltider. I denne ledsager til deres bedst sælgende støbejernsgrydekogebog tilbyder forfatterne mere end 100 opskrifter på nemme at tilberede opskrifter til alle lejligheder plus komplet information om, hvordan du vælger og plejer din hollandske ovn. Denne nye udgave indeholder fuldfarvefotografier gennem hele bogen og en række lækre opskrifter på lækre en-gryde måltider

Få mest muligt ud af din hollandske ovn med klassiske og kreative opskrifter

Glem de ekstra gryder og opdag alle de forskellige retter, du kan lave med en enkelt hollandsk ovn. Denne omfattende guide dækker alt det grundlæggende, fra vigtige rengøringstip til tonsvis af læskende opskrifter.

Maksimer din hollandske ovn med:

- 100 lækre opskrifter – Opdag en alsidig samling af enkle aftenmiddage, hurtige brød og desserter.
- Omfattende vejledning - Lær alle ins og outs om at shoppe efter, lave mad med og rengøre din hollandske ovn, så du kan nyde den i mange år fremover.
- Enkle ingredienser – Nyd nemme hollandske ovnopskrifter med ingredienser, der er nemme at finde.

MORGENMAD

tyske pandekager

SAMLET TILBEREDNINGSTID: 26 MINUTTER
SERVERINGER: 4
UDSTYR: 12-TOM HOLLANDSK OVN

INGREDIENSER:
¼ tsk salt
7 spiseskefulde smør
Mælk, 1 kop
6 æg
1 kop mel

VEJLEDNING
Bages i 26 minutter.

ERNÆRING
Kalorier: 209 · Kulhydrater: 17g · Fedt: 11g · Protein: 11g

Hollandsk ovnpølse morgenmad

SAMLET TILBEREDNINGSTID: 60 MINUTTER
SERVERINGER: 4
UDSTYR: 12-TOM HOLLANDSK OVN

INGREDIENSER:

Salt, 1 tsk
8 æg
Malet pølse, 2 pund
9 skiver brød uden skorpe, i tern
3 kopper mælk
2 kopper revet cheddarost

VEJLEDNING

Kog pølse og dræn derefter.
Bland mælk, æg, brød og salt.
Til æggeblandingen tilsættes pølse og cheddarost.
Fyld den hollandske ovn op med ingredienserne, og bag derefter
i 60 minutter med 8 kul i bunden og 16 i toppen.

ERNÆRING

Kalorier: 109, Fedt: 8g, Mættet fedt: 4g, Kulhydrat: 2g, Protein:
10g

Hollandsk ovn grillet ost

SAMLET TILBEREDNINGSTID: 20 MINUTTER
SERVERING: 2
UDSTYR: 12-TOM HOLLANDSK OVN

INGREDIENSER:

4 skiver brød
Provolone ost
1 Stang Smør

VEJLEDNING

Smør smør på hvert stykke brød og top med osten og de resterende brødskiver med smørsiden nedad på forvarmningslåget.
Vend og grill indtil de er brune.

ERNÆRING

Kalorier 860, Fedt i alt 61 g, Mættet fedt 34 g, Kulhydrater 44 g, Sukker 4 g, Fiber 1 g, Protein 32 g

Hollandsk ovn fransk toast

SAMLET TILBEREDNINGSTID: 10 MINUTTER
SERVERINGER: 4
UDSTYR: 12-TOM HOLLANDSK OVN

INGREDIENSER:

1 tsk vanilje
4 æg
½ kop mælk eller halvt og halvt brød
1 tsk kanel
vegetabilsk olie og køkkenrulle

VEJLEDNING

Sæt det hollandske ovndæksel på hovedet over kullene.
Pensl vegetabilsk olie på låget.
Med en mixer eller gaffel, bland alle ingredienserne, indtil de er grundigt kombineret.
Smør brødet med blandingen.
Steg på begge sider på et hollandsk ovnlåg i 4 minutter på hver side eller indtil de er gyldenbrune.

ERNÆRING

Kalorier: 279Sukker: 17gNatrium: 231mgFedt: 8gKulhydrater: 36gFiber: 3gProtein: 16g

Hollandske ovnpandekager

SAMLET TILBEREDNINGSTID: 20 MINUTTER
SERVERING: 12-16 PANDEKAGER
UDSTYR: 12-TOM HOLLANDSK OVN

INGREDIENSER:

3 tsk bagepulver

2 kopper mel

2 kopper mælk

Smeltet smør, to spiseskefulde

Salt, 1 tsk

Vegetabilsk olie

1 æg

VEJLEDNING

Bland salt, bagepulver og mel.

Bland æg og mælk.

Bland de to blandinger med det smeltede smør.

Sæt et smurt hollandsk ovndæksel på hovedet over kullene.

Hæld dejen i midten af stegepladen.

Kog til det bobler og er brunet på toppen.

Brun den anden side efter vending.

ERNÆRING

350 kalorier; protein 10 g; kulhydrater 36g; fiber 3g; fedt 18g; mættet fedt 10g

Hollandske ovn Pita lommer

SAMLET TILBEREDNINGSTID: 10 MINUTTER
SERVERINGER: 4
UDSTYR: 12-TOM HOLLANDSK OVN

INGREDIENSER

1 løg, hakket
1 fed hvidløg
1 pund pølse
Pita brød
12 sammenpisket æg
1 peberfrugt, hakket
1 krukke sauce

VEJLEDNING

Gør den hollandske ovn klar.
Sauter pølse med løg, hvidløg og peber.
Rør æggene i.
Hæld den kogte blanding i Pita-lommerne.

ERNÆRING

Kalorier: 380, fedt 15,4 g, mættet fedt 5,9 g, natrium 756,6 mg,
kulhydrat 38,8 g, kostfibre 4,6 g, sukker 3,2 g, protein 23,4 g

Hollandsk Oven Country morgenmad

SAMLET TILBEREDNINGSTID: 10 MINUTTER
SERVERINGER: 4
UDSTYR: 12-TOM HOLLANDSK OVN

INGREDIENSER

1 pund bulk svinepølse, smuldret
12 æg
1 æske hashbrune kartofler
1 kop revet cheddarost

VEJLEDNING

Læg svinepølsen i den hollandske ovn.

Kog pølsen til den er færdig, dækket med vand.

Tilsæt Hash kartoflerne og kog derefter.

Steg pølse- og kartoffelkombinationen, indtil kartoflerne er brune.

Lav mange fordybninger på toppen af kartoflerne med en ske og knæk 2 æg i hver fordybning.

Når hviderne er helt kogte, drysser du ost ovenpå og bringer den hollandske ovns top tilbage til at simre lige længe nok til, at osten smelter.

ERNÆRING

Kalorier: 109, Fedt: 8g, Mættet fedt: 4g, Kulhydrat: 2g, Protein: 10g

Hollandsk ovnpølsegryde

SAMLET TILBEREDNINGSTID: 10 MINUTTER
SERVERINGER: 4
UDSTYR: 12-TOM HOLLANDSK OVN

INGREDIENSER

2 pund pølse
Salt, 1 tsk
2 æg
15 ounce cheddarost, revet
8 skiver brød
1 tsk tør sennep
4 kopper mælk

VEJLEDNING

Brug kraftig folie til at beklæde en hollandsk ovn og smør folien med smør.
I ovnen brydes brødet.
Smuldr det kogte pølsekød over brødet, og drys derefter med ost.
Pisk æg, mælk, sennep og salt.
Arranger brød, pølse og ost i ovnen, og hæld æggeblandingen ovenpå.
Bag i 38 minutter, tjek med jævne mellemrum.

ERNÆRING

Kalorier 254, Fedt 19,0 g, Mættet fedt 6 g, Natrium 644,4 mg, Kulhydrat 10,5 g, Fiber 0,5 g, Sukker 0,6 g, Protein 11,1 g

Bjergmand morgenmad

SAMLET TILBEREDNINGSTID: 20 MINUTTER
SERVERING: 6
UDSTYR: 12-TOM HOLLANDSK OVN

INGREDIENSER

1 løg, skåret i skiver
1 kop bacon, skåret i skiver
hashbrune kartofler, 5 kopper
1 kop cheddarost, revet
12 æg
1 krukke sauce

VEJLEDNING

Brun bacon og løg. Tilføj hash browns.

Kog i 14 minutter eller indtil æggene begynder at stivne.

Når æggene er stivnet, og osten er smeltet, drysses ost over æggeblandingen, dæk til panden og fortsæt opvarmningen i et par minutter.

ERNÆRING

Kalorier 254, Fedt 19,0 g, Mættet fedt 6 g, Natrium 644,4 mg, Kulhydrat 10,5 g, Fiber 0,5 g, Sukker 0,6 g, Protein 11,1 g

Hollandsk ovnskorpefri quiche

SAMLET TILBEREDNINGSTID: 40 MINUTTER
SERVERINGER: 4
UDSTYR: 12-TOM HOLLANDSK OVN

INGREDIENSER

1/2 kop smør
1/2 kop mel
2 kopper hytteost
10 æg
1 tsk bagepulver
Mælk, 1 kop
Flødeost, 1/2 kop
Salt, 1 tsk
Monterey Jack ost, 1 pund
1 tsk sukker

VEJLEDNING

Smelt smørret og tilsæt melet; simre i et par minutter.
Bland æg, mælk, oste, bagepulver, salt og sukker.
Bages ved 350 grader i 40 minutter.

ERNÆRING

Kalorier: 177,6 kcal, Kulhydrater: 7,7 g, Protein: 10,9 g, Fedt:
11,5 g, Mættet fedt: 5,1 g, Natrium: 315,7 mg, Fiber: 0,6 g,
Sukker: 2,2 g

Morgenmad rundstykker

SAMLET TILBEREDNINGSTID: 40 MINUTTER
SERVERINGER: 6 DESIN
UDSTYR: 12-TOM HOLLANDSK OVN

INGREDIENSER
4 æg
1 liter kærnemælk
5 kopper mel
2 kopper sukker
6 kopper rosinklid
6 teskefulde bagepulver
Blødgjort smør, 1 kop
2 kopper kogende vand

VEJLEDNING
Bland vandet og bagepulver.
Blend smør, æg og sukker, og tilsæt derefter kærnemælk og mel.
Tilsæt vandblandingen og rør rundt.
Tilsæt rosinklidet.
Bages i 30 minutter.

ERNÆRING
Kalorier 182, Fedt 11 g, Mættet fedt 4,1 g, Natrium 1.322 mg, Kulhydrat 2,2 g, Kostfibre 0 g, Protein 19 g

Blåbær muffins

SAMLET TILBEREDNINGSTID: 15 MINUTTER
SERVERINGER: 4
UDSTYR: 12-TOM HOLLANDSK OVN

INGREDIENSER

2 kopper mel

2 sammenpisket æg

1 kop sukker

Mælk, 1 kop

1 kop smeltet smør

1 tsk muskatnød

1 spsk bagepulver

1 kop blåbær

Salt, 1 tsk

1 kop mandler, skåret i skiver

1 skefuld sukker

VEJLEDNING

Bland de tørre ingredienser.

Bland mælk, smør og æg.

Bland de to blandinger og vend blåbærene i.

Overfør til muffinsforme.

Drys med 1 spsk sukker og mandler.

Bages i 14 minutter ved 400 grader.

ERNÆRING

Kalorier: 108kcal, Kulhydrater: 14,4g, Protein: 6,3g, Fedt: 2,8g, Mættet fedt: 1,9g, Kolesterol: 23mg, Natrium: 108mg, Fiber: 0,6g, Sukker: 7g

3.   **Hollandsk Ovn Kanel Donuts**

SAMLET TILBEREDNINGSTID: 10 MINUTTER
SERVERINGER: 4
UDSTYR: 12-TOM HOLLANDSK OVN

INGREDIENSER

Flere rør med køleskabskager
Sukker og kanel blandes
Madolie

VEJLEDNING

Varm madolie op i den hollandske ovn.
Gør kagerne klar ved at lave en ring ud af dem med
tommelfingeren.
Hæld dem i den opvarmede olie.
Når du har taget dem ud af olien, overtræk dem med kanel-
sukkerblandingen.

ERNÆRING

Kalorier: 146kcal | Kulhydrater: 26g | Protein: 5g | Fedt: 9g |
Mættet fedt: 1g | Natrium: 223mg | Fiber: 6g | Sukker: 2g

Dutch Oven Pecan & Caramel Rolls

SAMLET TILBEREDNINGSTID: 10 MINUTTER
SERVERINGER: 4
UDSTYR: 12-TOM HOLLANDSK OVN

INGREDIENSER

Brun farin, 1/2 kop

1 spsk rosiner

1 tube køleskabskager, quarteret

1 kop hakkede valnødder

1 stang smør

Knib kanel

1 spsk vand

VEJLEDNING

Smelt smør, sukker, kanel og vand for at lave karamellen.

Bland valnødder og rosiner i og tilsæt karamelblandingen; rør til det er jævnt fordelt.

Bag cookies indtil de er gyldne.

ERNÆRING

378 kalorier, 18 g fedt, 6 g protein, 50 g kulhydrater

Hollandsk ovn australsk kød og grøntsager

SAMLET TILBEREDNINGSTID: 10 MINUTTER
SERVERINGER: 4
UDSTYR: 12-TOM HOLLANDSK OVN

FYLDNING:

2 spsk olie
1 kop koldt kogt kød, hakket
1 kop blandede grøntsager i tern

DEJ:

Mælk, 1 kop
2 kopper selvhævende mel
Knivspids salt
1 æg

VEJLEDNING

Kom mel, salt og æg i en skål og rør godt rundt, før du gradvist tilsætter mælk for at skabe en dej.
Pisk det kogte kød og grøntsager i.
Blandingen skal hældes i opvarmet olie ved hjælp af en hollandsk ovn.
Så snart kanterne er sat, vend dem om.

ERNÆRING

Kalorier 860, Fedt i alt 61 g, Mættet fedt 34 g, Kulhydrater 44 g, Sukker 4 g, Fiber 1 g, Protein 32 g

6.   **Hollandsk ovnquiche**

SAMLET TILBEREDNINGSTID: 40 MINUTTER
SERVERING: 12
UDSTYR: 12-TOM HOLLANDSK OVN

INGREDIENSER

1 kop champignon, skåret i skiver

1 pund bacon eller pølse, hakket

3 kopper sødmælk

1 kop løg, i tern

2 kopper revet ost

1 tsk peber

1 kop grøn peberfrugt, hakket

6 æg

2 kopper Bisquick

Salt, 1 tsk

VEJLEDNING

Brun baconen.

Sauter svampe, løg og grøn peber; riv lidt ost ovenpå.

Bland Bisquick, mælk, æg, salt og peber og hæld ovenpå.

Bages i 32 minutter, indtil de er gyldne.

ERNÆRING

Kalorier: 939kcal, Mættet fedt: 27g, Fedt: 67g, Protein: 49g,
Kulhydrater: 36g, Sukker: 10g, Fiber: 3g, Kolesterol: 304mg

7. **Hollandsk Ovn Cheddar Mountain Man**

SAMLET TILBEREDNINGSTID: 10 MINUTTER
SERVERING: 12
UDSTYR: 12-TOM HOLLANDSK OVN

INGREDIENSER
Knib salt og peber
2 pund hashbrune kartofler, strimlet
Bacon, 1 pund
1 pakke bløde pølser
6 æg
1/2 kop mælk
1 kop cheddarost, revet

VEJLEDNING
Tilbered bacon og pølse i en hollandsk ovn.
Tilsæt hash browns.
Tilsæt mælk, æg, salt og peber og kog indtil det er halvfast.
Bages med smøreost ovenpå.

ERNÆRING
Kalorier 254, Fedt 19,0 g, Mættet fedt 6 g, Natrium 644,4 mg,
Kulhydrat 10,5 g, Fiber 0,5 g, Sukker 0,6 g, Protein 11,1 g

Hollandsk ovn morgenmadsgryde

SAMLET TILBEREDNINGSTID: 40 MINUTTER
SERVERING: 8-10
UDSTYR: 12-TOM HOLLANDSK OVN

INGREDIENSER

4 kopper pølse
15 ounce cheddarost, revet
Salt, 1 tsk
12 æg
8 skiver brød
1 liter mælk
1½ tsk tør sennep

VEJLEDNING

I ovnen brydes brødet.
Smuldr det kogte pølsekød over brødet, og drys derefter med ost.
I ovnen arrangeres brødet, pølsen og osten.
Bland æg, mælk, tør sennep og salt i.
Dæk til og bag i 40 minutter.

ERNÆRING

Kalorier 254, Fedt 19,0 g, Mættet fedt 6 g, Natrium 644,4 mg, Kulhydrat 10,5 g, Fiber 0,5 g, Sukker 0,6 g, Protein 11,1 g

9.   Pita lommemorgenmad

SAMLET TILBEREDNINGSTID: 20 MINUTTER
SERVERING: 6
UDSTYR: 12-TOM HOLLANDSK OVN

INGREDIENSER

2 kopper pølse

2 spsk olivenolie

Pita brød

1 peberfrugt, skåret i tern

1 krukke sauce

1 fed hvidløg, hakket

1 løg, hakket

12 sammenpisket æg

VEJLEDNING

Brun pølsen og svits den derefter med løg, hvidløg og peber.
Tilsæt æg.
Overfør til pita-lommerne sammen med saucen.

ERNÆRING

Kalorier: 380, Fedt 15,4 g, Mættet fedt 5,9 g, Natrium 756,6
mg, Kulhydrat 38,8 g, Fiber 4,6 g, Sukker 3,2 g, Protein 23,4 g

Hollandsk Ovn Hash Brown Quiche

SAMLET TILBEREDNINGSTID: 1 TIME
UDSTYR: 12-TOM HOLLANDSK OVN
SERVERING: 6

INGREDIENSER

Mælk, 1 kop

1 kop varm ost, revet

3 æg

1 tsk krydret salt

2 kopper schweizerost, revet

Knip peber

1 kop smør, smeltet

2 kopper kogt skinke, skåret i tern

36 oz. Kartofler, kogte og mosede

VEJLEDNING

Hollandsk ovn skal smøres.

Skab en robust skorpe på kartoflerne, inden du bager dem, ved at pensle smeltet smør på skorpen.

Bag retten ved høj temperatur (425°f) i cirka 25 minutter.

Top med ost og skinke.

Hæld de sammenpiskede æg, mælk og krydderier over skinken og osten.

Bages i cirka 35 minutter indtil sæt.

ERNÆRING

338 kalorier; protein 14,4 g; kulhydrater 15,9 g; fedt 28,9 g; kolesterol 127,5 mg; natrium 793mg.

Fantastisk omelet Denver

SAMLET TILBEREDNINGSTID: 20 MINUTTER
SERVERING: 6
UDSTYR: 12-TOM HOLLANDSK OVN

INGREDIENSER

20 æg, pisket

1 pund skinke, i tern

1 pund revet ost

1 pund bacon, hakket

1 løg, i tern

1 hakket peberfrugt

8 oz. svampe

VEJLEDNING

Den hollandske ovn skal opvarmes til cirka 400 grader.

Brun baconen og kom så skinken i; dæk til, og bag i cirka tre minutter.

Tilsæt løg, peberfrugt og æg og steg i 3 minutter.

Tilsæt svampene.

Bages i cirka 16 minutter ved overvarme.

Efter fem minutter toppes med ost.

ERNÆRING

488 kalorier; protein 30 g; kulhydrater 5g; fedt 40 g

2.   **Majsmel grød**

SAMLET TILBEREDNINGSTID: 20 MINUTTER
SERVERINGER: 4
UDSTYR: 12-TOM HOLLANDSK OVN

INGREDIENSER

1 liter kogende vand
Knib salt
1 kop majsmel

VEJLEDNING

Tilsæt majsmel til varmt saltet vand.
Kog i 20 minutter under konstant omrøring.

ERNÆRING

Kalorier: 151kcal | Kulhydrater: 25g | Protein: 4g | Fedt: 3g |
Mættet fedt: 1g | Natrium: 262mg

8.   **Stegt majsmelsmos**

SAMLET TILBEREDNINGSTID: 20 MINUTTER
SERVERINGER: 4
UDSTYR: 12-TOM HOLLANDSK OVN

INGREDIENSER

1 portion majsgrød
Mel
1 spsk olie

VEJLEDNING

Skimmelsvampgrøden og derefter på køl.
skiver og kog den i olie, indtil den er gyldenbrun.

ERNÆRING

Kalorier: 150kcal | Kulhydrater: 25g | Protein: 4g | Fedt: 3g |
Mættet fedt: 1g | Kolesterol: 4mg | Natrium: 262mg | Kalium:
166mg | Fiber: 2g | Sukker: 2g

BRØD

55

24.   Parisisk morgenbrød

SAMLET TILBEREDNINGSTID: 20 MINUTTER
SERVERINGER: 4-6
UDSTYR: 12-TOM HOLLANDSK OVN

INGREDIENSER

1 kop fløde
1 kop sødmælk
1 tsk citronskal
Knib kanel
1 skefuld sukker
4 æg
1 tsk vanilje
6 skiver gammelt brød, skåret i skiver
pulveriseret sukker til aftørring
¼ kop granuleret sukker
Knip muskatnød

VEJLEDNING

Opvarm olie til 375°F.
Pisk æg, fløde, mælk, vanilje, citronskal og 1 spsk sukker, og hæld æggeblandingen over brødskiverne i et Pyrex-fad.
Vend skiverne efter fem minutter for at dække den anden side.
Læg stykkerne i olien og steg i et minut på hver side.
Fjern og drys kanel, muskatnød og flormelis over brødet.

ERNÆRING

130 kalorier, 25 g kulhydrater, 0,5 g fedt, 6 g protein

25.   Portugisisk stegt brød

SAMLET TILBEREDNINGSTID: 20 MINUTTER
SERVERING: 20
UDSTYR: 12-TOM HOLLANDSK OVN

INGREDIENSER
olie til stegning
3 teskefulde bagepulver
½ tsk salt
Kanel, 2 spsk
2 kopper universalmel
2 spsk sukker
Skråbe honning
Mælk, 1 kop
¼ kop sukker

VEJLEDNING
Bland alt undtagen sukker og kanel.
Del i 20 kugler og rul ud på en meldrysset overflade.
Brug en hollandsk ovn til at stege dejstykkerne, indtil de er
gyldenbrune, i alt 5 minutter.
Drys med sukker og kanelblanding.

ERNÆRING
Kalorier 101, Protein 1g, Kulhydrater 12g, Fedt 5g, Mættet fedt
1g, Kostfibre 0g, Kolesterol 0mg, Natrium 233mg

          # Simple hollandske ovnkager

SAMLET TILBEREDNINGSTID: 15 MINUTTER
SERVERING: 2
UDSTYR: 12-TOM HOLLANDSK OVN

INGREDIENSER:

½ kop vand
2 kopper bageblanding

VEJLEDNING

Bland den tørre bageblanding med vand.
Rul dejen ud på en melstøvet overflade og skær småkagestykker ud.
Smør den hollandske ovn lidt og bag derefter småkagerne i 10 minutter med 8 kul i bunden og 18 kul på toppen.

ERNÆRING

Kalorier: 172kcal, Mættet fedt: 5g, Fedt: 8g, Protein: 2g, Kulhydrater: 24g, Natrium: 59mg, Sukker: 15g, Fiber: 1g, Kolesterol: 20mg

27.   Cream Soda Crackers

SAMLET TILBEREDNINGSTID: 25 MINUTTER
SERVERINGER: 4
UDSTYR: 12-TOM HOLLANDSK OVN

INGREDIENSER:

1/3 kop olie
4 kopper selvhævende mel
12-ounce dåse flødesodavand

VEJLEDNING

Kombiner alle ingredienserne og ælt godt; rul dejen ud.
Brug en ren, åben suppedåse eller kagedåse til at lave udskæringerne.
Sæt kagerne i en smurt hollandsk ovn og bag dem i 25 minutter.
I bunden placeres 10 kul, og øverst 16.

ERNÆRING

Kalorier: 68kcal | Kulhydrater: 11g | Protein: 2g | Fedt: 2g | Mættet fedt: 1g | Kolesterol: 4mg | Natrium: 6mg | Kalium: 62mg | Fiber: 1g | Sukker: 1g

28.   Hollandsk Ovn Bisquick Cornbread

SAMLET TILBEREDNINGSTID: 30 MINUTTER
UDSTYR: 10-TOM HOLLANDSK OVN
SERVERINGER: 4

INGREDIENSER:

2 æg
6 spiseskefulde majsmel
2 kopper Bisquick
1 tsk sodavand
2/3 kop sukker
½ kop olie
Mælk, 1 kop
3 spiseskefulde mel

VEJLEDNING

Alle ingredienser skal blendes, indtil de er glatte, før de bages
ved 350 grader i 30 minutter.

ERNÆRING

Kalorier: 255kcal, Kulhydrater: 34g, Protein: 7g, Fedt: 11g,
Mættet fedt: 7g, Fiber: 3g, Sukker: 3g

29.   Mexicansk majsbrød

SAMLET TILBEREDNINGSTID: 20 MINUTTER
SERVERINGER: 5-6
UDSTYR: 10-TOM HOLLANDSK OVN

INGREDIENSER:
$\frac{1}{2}$ tsk salt
2 godt sammenpiskede æg
$\frac{1}{2}$ tsk bagepulver
$\frac{1}{4}$ kop mælk
1 kop majsmel
1,2 pund revet ost
1 løg, i tern
1/3 kop smør eller smeltet smør
17 ounce dåse cremet majs
4 ounce dåse grønne chili

VEJLEDNING
Bland alt undtagen chili og ost.
Fordel smør på den hollandske ovn.
Læg nogle af majsbrødsblandingerne i den hollandske ovn.
Tilsæt alle chilierne ovenpå efter tilsætning af halvdelen af den revne ost.
Den resterende ost skal drysses oven på den resterende majsmelblanding.
Giv den en bagning i 30 minutter ved 350 grader.

ERNÆRING
Kalorier: 255kcal, Kulhydrater: 34g, Protein: 7g, Fedt: 11g, Mættet fedt: 7g, Fiber: 3g, Sukker: 3g

30.   Sesamflettet brød

TOTAL TILBEREDNING/FORBEREDNINGSTID: 35
MINUTTER
SERVERING: 10-12
UDSTYR: 12-TOM HOLLANDSK OVN

INGREDIENSER:
Salt, 1 tsk

1 kop varm mælk

2 kopper varmt vand

5 kopper mel

3 spiseskefulde sukker

1 æggehvide, pisket

tørgær, ½ spsk

2 spsk smør

1/3 kop olie

4 kopper mel

VEJLEDNING
Mælk skal opvarmes, indtil der begynder at komme bobler rundt
om pandens kanter, og tilsæt derefter vand, sukker og gær.
Tilsæt mel, olie og salt.
Bland grundigt og ælt godt.
Giv den 1 time til at hæve og fordoble volumen.
Arranger i en hollandsk i en flettet stil og pensl derefter med
pisket æggehvide og drys med sesamfrø.
Tillad hævning.
Bages i 35 minutter ved 350 grader.

ERNÆRING
89 kalorier, 2 g fedt, 0 mættet fedt, 14 g kulhydrat, 4 g
protein

31.   Hollandsk ovngærbrød

SAMLET TILBEREDNINGSTID: 25 MINUTTER
SERVERING: 6
UDSTYR: 12-TOM HOLLANDSK OVN

INGREDIENSER:
1 pakke tørgær
Salt, 1 tsk
1 æg
2 spsk sukker
1 kop varmt vand
2 spsk smør eller olie
3 kopper mel

VEJLEDNING
Opløs gær i sukkervand.
Bland saltet i.
Tilsæt smør, æg og mel.
Bages i 25 minutter, 8 minutter i bunden og 14 minutter på
toppen, indtil de er gyldenbrune.

ERNÆRING
Kalorier: 188kcal | Kulhydrater: 39g | Protein: 6g | Fedt: 1g |
Mættet fedt: 1g | Natrium: 437mg, Fiber: 2g | Sukker: 1g

32. Hollandske ovn franske ruller

SAMLET TILBEREDNINGSTID: 20 MINUTTER
SERVERING: 12 RULLER
UDSTYR: 12-TOM HOLLANDSK OVN

INGREDIENSER:

2 spsk smør
2 teskefulde gær
2 kopper vand
4 kopper mel
1 skefuld sukker
1 spsk sesamfrø
Salt, 1 tsk

VEJLEDNING

Opløs en halv kop varmt vand med gær og sukker, indtil det begynder at boble.
Krydr det resterende vand med salt og smør i en hollandsk ovn.
Tilsæt mel og gærblandingen.
Dejen skal placeres på en klar, forsigtigt støvet bordplade.
Lad hæve i en halv time.
Komprimeres til kugler.
Placer kugler i en hollandsk ovn efter at være dyppet i smeltet smør.
Drys sesamfrø ovenpå.
Når den er fordoblet i størrelse, dæk til og lad den hæve.
Under bagningen placeres omkring 15 kul ovenpå og 6 kul i bunden.
Når bollerne er gyldenbrune, smøres toppen og serveres.

ERNÆRING

Kalorier: 171kcal | Kulhydrater: 33g | Protein: 5g | Fedt: 2g | Mættet fedt: 1g | Natrium: 293mg | Kalium: 47mg | Fiber: 1g | Sukker: 1g

33.   **Snake River Sticky Boller**

SAMLET TILBEREDNINGSTID: 20 MINUTTER
SERVERING: 12
UDSTYR:10-TOMMER OG EN 12-TOMMER HOLLANDSK OVN

INGREDIENSER:
BUNDBLANDING:
Mælk, 1 kop

1 sammenpisket æg

½ kop sukker

¼ kop varmt vand

Salt, 1 tsk

1 spsk tørgær

¼ kop smør

3 kopper mel

FYLDNING:
½ kop brun farin

½ kop hakkede dadler eller rosiner

1 kop hakkede valnødder

½ kop smør, smeltet

½ kop smeltet smør

1 kop brun farin

Kanel, 1 spsk

1 tsk vanilje

VEJLEDNING

Rør gæren ud i det varme vand vil hjælpe det med at opløses.
Opvarm mælken i en hollandsk ovn, indtil den bobler.
Tilsæt salt, smør, sukker, æg, mel, smør, brun farin og vanilje.
Fordel denne blanding i en hollandsk ovn med valnødder på toppen.
Efter rulning af dejen pensles den med smeltet smør.
Top med brun farin, kanel og dadler eller rosiner.
Fra langsiden rulles geléen til en rulle.
Lav 12 skiver af rullen.
Arranger skiver i den hollandske ovn og lad dem hæve.

ERNÆRING

Kalorier 101, Protein 1g, Kulhydrater 12g, Fedt 5g, Mættet fedt 1g, Kostfibre 0g, Kolesterol 0mg, Natrium 233mg

4.   Hjemmelavede småkager

SAMLET TILBEREDNINGSTID: 10 MINUTTER
UDSTYR: 12-TOM HOLLANDSK OVN
SERVERING: 6

INGREDIENSER

1 kop mel

2 spsk Crisco

2 spsk mel

1/4 tsk bagepulver

1/2 dl kærnemælk

1 tsk bagepulver

Knivspids salt

VEJLEDNING

Sæt Crisco i ovnbunden.

Bland mel, salt, bagepulver, Crisco, kærnemælk og gaffelrør.

Læg dejen ud og ælt den på en meldrysset overflade.

Brug et glas eller krus til at skære.

Sæt i ovnen og bag ved 500 grader i 8 minutter.

ERNÆRING

78 kalorier, 9 g kulhydrater, 4 g fedt, protein 0 g

5.   **Razorback Cornbread**

SAMLET TILBEREDNINGSTID: 25 MINUTTER
SERVERING: 10-12
UDSTYR: 12-TOM HOLLANDSK OVN

INGREDIENSER

3 hot chilipeber, dåse, hakket

8 ounce svinepølse, kogt og strimlet

2 kopper majsmel

2 kopper kærnemælk

1 løg, hakket

3 teskefulde bagepulver

1 dåse majs

Knib salt

2 æg, pisket

½ kop universalmel

1 tsk bagepulver

½ kop cheddarost, revet

VEJLEDNING

Bland alle ingredienserne.

Fyld den olierede hollandske ovn med blandingen, og bag ved 450° i 25 minutter.

ERNÆRING

Kalorier: 255kcal, Kulhydrater: 34g, Protein: 7g, Fedt: 11g, Mættet fedt: 7g, Fiber: 3g, Sukker: 3g

6.   Velsmagende majsbrød

SAMLET TILBEREDNINGSTID: 40 MINUTTER
SERVERING: 6
UDSTYR: 12-TOM HOLLANDSK OVN

INGREDIENSER

2 kopper universalmel
Bagepulver, 2 spsk
3 æg
Majsmel, 2 kopper
Mælk, 2 kopper
Knivspids salt
Vegetabilsk olie, 1 kop
1 kop sukker

VEJLEDNING

Bland alle genstande grundigt.
Hæld i en hollandsk ovn.
Kog i 40 minutter.

ERNÆRING

Kalorier: 255kcal, Kulhydrater: 34g, Protein: 7g, Fedt: 11g,
Mættet fedt: 7g, Fiber: 3g, Sukker: 3g

Hollandske ovnruller

SAMLET TILBEREDNINGSTID: 30 MINUTTER
SERVERING: 12
UDSTYR: 12-TOM HOLLANDSK OVN

INGREDIENSER

1/8 tsk sukker
Smør, 1 spsk
3 kopper mel
Varmt vand, 1/4 kop
Salt, 1 tsk
Mælk, 1 kop
1 spiseskefuld gær
1 spiseskefuld sukker

VEJLEDNING

Bland det varme vand og gær med 1/8 tsk sukker.
Bland mælk, smør, salt, resterende sukker, mel samt
gærblanding.
På en plan overflade drysser du lidt af den resterende mel og
ælter godt.
Arranger rullerne i en ovn, og giv dem derefter en bagning i 30
minutter, indtil de er brune på toppen.

ERNÆRING

Kalorier 101, Protein 1g, Kulhydrater 12g, Fedt 5g, Mættet fedt
1g, Kostfibre 0g, Kolesterol 0mg, Natrium 233mg

3.   ## Abebrød i en hollandsk ovn

SAMLET TILBEREDNINGSTID: 30 MINUTTER
SERVERING: 12
UDSTYR: 12-TOM HOLLANDSK OVN

INGREDIENSER

2 spiseskefulde kanel

1 kop smeltet smør

2 dåser småkager på dåse

1 kop sukker

3 kopper brun farin

VEJLEDNING

Bland sukker og kanel.

Sæt kageskiverne i den hollandske ovn efter at have pudset
dem let med kanel-sukkerblandingen.

Tilsæt smeltet smør og farin.

Giv den en bagning i 30 minutter ved 350 grader.

ERNÆRING

Kalorier 101, Protein 1g, Kulhydrater 12g, Fedt 5g, Mættet fedt
1g, Kostfibre 0g, Kolesterol 0mg, Natrium 233mg

     Kanel Knockouts

SAMLET TILBEREDNINGSTID: 40 MINUTTER
UDSTYR: 12-TOM HOLLANDSK OVN
SERVERING: 6

INGREDIENSER

4 småkageruller i køleskabet, smurt
Smeltet smør, 1/2 kop
Kanel, 1 spsk
Brun farin, 1/2 kop
1/2 pakke karamelbudding
Sukker, 1/2 kop
1 spsk rosiner
1 spsk nødder

VEJLEDNING

Forvarm og olie den hollandske ovn
Bland budding og sukker, og rul derefter bollerne i
sukkerblandingen.
Arranger rullerne i ovnen og top med kanel, rosiner og nødder
ovenpå.
Overlap det nederste lag med de resterende dyppede ruller,
mens du lagger.
Fordel den resterende sukkerblanding jævnt over muffinsene.
Dryp eventuelt resterende smør over bollerne.
Tilsæt mere kanel.
Bages med låg i 40 minutter ved 350 grader.

ERNÆRING

Kalorier 101, Protein 1g, Kulhydrater 12g, Fedt 5g, Mættet fedt
1g, Kostfibre 0g, Kolesterol 0mg, Natrium 233mg

 Dutch Oven Basic Cookies

SAMLET TILBEREDNINGSTID: 15 MINUTTER
UDSTYR: 12-TOM HOLLANDSK OVN
SERVERING: 30 Cookies

INGREDIENSER

6 spiseskefulde madolie
Salt, 1 tsk
Bagepulver, 6 teskefulde
Mel, 3 kopper
Mælk, 1 kop

VEJLEDNING

Kombiner alt.
Rul ud på en mel-støvet overflade, skær og placer i bunden af ovnen.
Bages i cirka 15 minutter.

ERNÆRING

Kalorier: 120, Fedt i alt: 5 g, Mættet fedt: 3,5 g, Natrium: 100 mg, Kulhydrat: 16 g, Kostfibre: 0 g, Sukker i alt: 9 g, Protein: 2 g

Almindelig majsbrød

SAMLET TILBEREDNINGSTID: 55 MINUTTER
SERVERING: 12
UDSTYR: 12-TOM HOLLANDSK OVN

INGREDIENSER

1 æske jiffy cornbread mix
1 dåse flødemajs
1 æg
Mælk for at lave resten af den væske, der er nødvendig til blandingen

VEJLEDNING

Kombiner alt.
Hæld i en hollandsk ovn, der er blevet generøst olieret.
Kog i cirka 55 minutter.

ERNÆRING

Kalorier: 255kcal, Kulhydrater: 34g, Protein: 7g, Fedt: 11g, Mættet fedt: 7g, Fiber: 3g, Sukker: 3g

PIZZA

42.   Hollandsk ovn Pepperoni pizza

SAMLET TILBEREDNINGSTID: 25 MINUTTER
SERVERING: 6
UDSTYR: 12-TOM HOLLANDSK OVN

INGREDIENSER
2 pakker halvmåneruller
Løgpulver, 1 tsk
Pizzasauce, 1 dåse
2 pund hakkebøf, kogt
8 oz. revet mozzarellaost
4 ounce pepperoni
8 oz. cheddarost, revet
2 teskefulde oregano
Hvidløgspulver, 1 tsk

VEJLEDNING
Placer 1 pakke halvmåneruller oven på den hollandske ovn.
Smør lidt pizzasauce, oregano, hvidløgspulver, løgpulver,
oksekød og pepperoni over skorpen.
Halvmånerullerne fra den anden boks skal bruges til at skabe
den øverste skorpe efter tilsætning af ostene.
Bages i cirka 25 minutter.

ERNÆRING
380 kalorier, 17 g fedt, 6 g mættet fedt, 40 g kulhydrat og 16 g
protein.

43. **Pepperoni pizza chili**

SAMLET TILBEREDNINGSTID: 25 MINUTTER
UDSTYR: 12-TOM HOLLANDSK OVN
SERVERING: 6

INGREDIENSER
4 fed hvidløg, hakket
16 ounce salsa
1 pund varm italiensk pølse
16 oz. chili bønner
1/2 tsk peber
2 pund hakkebøf
1 peberfrugt, hakket
16 ounce kidneybønner, skyllet og drænet
12 ounce pizzasauce
3 kopper mozzarellaost, revet
Vand, 1 kop
8 ounces skåret pepperoni, skåret i halve
1 løg, hakket
Chilipulver, 2 tsk
1/Salt, 2 tsk

VEJLEDNING
Kog løg, grøn peber og hvidløg, og vend derefter oksekød og
pølse i.
Tilsæt vand, chilipulver, salt, peber, salsa, bønner, pizzasauce og
pepperoni.
Dæk til og sænk varmen.

ERNÆRING
460 kalorier, 28 g fedt, 10 g mættet fedt, 20 g kulhydrat og 33
g protein.

44.   Pizza stegt i en hollandsk ovn

SAMLET TILBEREDNINGSTID: 25 MINUTTER
SERVERING: 6
UDSTYR: 12-TOM HOLLANDSK OVN

INGREDIENSER:
PIZZADEJ:
1 pakke aktiv tørgær
1 tsk vegetabilsk olie
Varmt vand, 1 kop
3 kopper mel
Salt, 1 tsk
PIZZA Sauce
16-ounce dåse tomatsauce
Hvidløg, 2 fed
1 spsk løg, i tern
1 spsk olie
Italiensk krydderi, 1 tsk

PIZZATOPPING:
Svampe
Pepperoni
oliven
Ananas
Mozzarella ost

VEJLEDNING

Opløs gæren i varmt vand.

Svits hvidløg og løg i varm olie.

Tilsæt italiensk krydderi og tomatsauce sammen med resten af ingredienserne.

Lav en kugle af pizzadej.

I midten af cirklen lægges osten og eventuelt ekstra toppings.

Den tomme halvdel skal foldes om, derefter skal siderne samles for at forsegle den.

Kom i en pande med allerede opvarmet olie, og steg til de er gyldne.

Afslut med mere revet ost og pizzasauce.

ERNÆRING

705 kalorier, 41 g fedt, 61 g kulhydrater, 23 g protein

5.   **Hollandsk Oven Crescent roll pizza**

SAMLET TILBEREDNINGSTID: 30 MINUTTER
SERVERING: 6
UDSTYR: 12-TOM HOLLANDSK OVN

INGREDIENSER

Halvmåneruller, 2 pakker

1 pund hakkebøf, kogt og drænet

8 ounce revet cheddarost

1 krukke pizzasauce

8 oz. revet mozzarellaost

VEJLEDNING

Placer 1 halvmånerullepakke i den hollandske ovn.

Smør lidt pizzasauce over skorpen.

Den anden pakke boller skal bruges til at skabe den øverste skorpe, før ostene og det kogte oksekød tilsættes.

Bages i 30 minutter.

ERNÆRING

Kalorier: 182, Fedt: 12g, Mættet fedt: 6g, Kulhydrater: 13g, Fiber: 1g, Sukker: 4g, Protein: 5g

5.   **Hollandsk Ovn Calzone**

SAMLET TILBEREDNINGSTID: 25 MINUTTER
SERVERING: 6
UDSTYR: 12-TOM HOLLANDSK OVN

INGREDIENSER

1 spsk sukker

1 spiseskefuld gær

Salt, 1 tsk

2 kopper varmt vand

6 kopper universalmel

1/4 kop olivenolie

VEJLEDNING

Kombiner vand, gær og sukker, og tilsæt derefter 2 kopper mel,
salt og olivenolie, indtil dejen er brugbar.

Flad ud i tynde pizzaskiver.

Top med dine foretrukne toppings.

Bind og fastgør og bag i 15 minutter.

ERNÆRING

500 kalorier; fedt 21g; mættet fedt 9g; kulhydrater 42g;
Protein 31g; natrium 782mg

7. **Hollandsk Ovn Cheddar Pizza**

SAMLET TILBEREDNINGSTID: 20 MINUTTER
SERVERING: 6
UDSTYR: 12-TOM HOLLANDSK OVN

INGREDIENSER
Vegetabilsk olie eller nonstick spray
snittede løg
revet cheddarost
Hvidløgs pulver
Færdiglavet pizzadejrør
Knib Salt og peber
revet mozzarellaost
1 dåse tomatsauce
pepperoni skiver

VEJLEDNING
Bred pizzadejen ud i en olieret hollandsk ovnbund.
Pensl tomatsauce over pizzaskorpen, og smag til med salt, peber og hvidløgspulver.
Tilsæt pepperoni og løg og bag i cirka 20 minutter.
Afslut med mozzarella og cheddarost på toppen de sidste 10 minutter.

ERNÆRING
380 kalorier, 17 g fedt, 6 g mættet fedt, 750 mg natrium, 40 g kulhydrat og 16 g protein.

8.   Hollandsk Ovnøl pizzadej

SAMLET TILBEREDNINGSTID: 35 MINUTTER
SERVERING: 1 pund DEJ
UDSTYR: 12-TOM HOLLANDSK OVN

INGREDIENSER

2 tsk gær
Kosher salt, 2 teskefulde
3 kopper universalmel
1 spsk olivenolie
12-ounce øl

VEJLEDNING

Bland gær, mel, salt, øl og olivenolie.
Form dejen til en kugle med hænderne, sæt den derefter på
bagepapir og stil den i midten af den hollandske ovn.
Bages ved 450 grader, mindst i 35 minutter.

ERNÆRING

304 KALORIER, 1 g FEDT, 64 g KULHUS, 9 g PROTEIN

FORRETTER

49.   **Blomkål og cheddarfritter**

SAMLET TILBEREDNINGSTID: 25 MINUTTER
SERVERING: 24
UDSTYR: 12-TOM HOLLANDSK OVN

INGREDIENSER

½ tsk salt
1 kop cheddarost, revet
1 æg
1 spsk løg, i tern
Blomkål, 2 kopper
Bagepulver, 2 tsk
Vegetabilsk olie
Mælk, 1 kop
2 kopper universalmel

VEJLEDNING

Bland alle ingredienserne.
Varm olie op til 375 grader.
Kom en dynge spiseskefuld dej i olien, og steg fritterne i et
minut på hver side, eller indtil de er gyldenbrune.

ERNÆRING

Kalorier 244, fedt 13 g, kulhydrater 21 g, fibre 3 g, sukker 3 g,
protein 9 g

50.   Ostefyldte kartoffelfritter

SAMLET TILBEREDNINGSTID: 8 MINUTTER
PORTIONER: 10 FRITTER
UDSTYR: 12-TOM HOLLANDSK OVN

INGREDIENS

2 pund bagekartofler, kogte
⅓kop smør blødgjort
½ tsk peber
knivspids muskatnød
5 æggeblommer
2 spsk persille
Salt, 1 tsk
2 kopper italienske brødkrummer
1 kop universalmel
4 ounces mozzarellaost
2 æg, let pisket

VEJLEDNING

Kombiner kartoflerne med smøret, før du tilsætter de ekstra ingredienser, inklusive æggeblommerne.
Lav 10 fritter og omkrans hver med et stykke ost til en oval.
Giv hver enkelt mel, dyp dem i sammenpisket æg og belæg dem med italienske brødkrummer; på køl.
Varm olie op til 350 grader og steg fritter i 8 minutter, vend én gang.

ERNÆRING

488 kalorier, 34 g fedt, 11 g mættet fedt, 36 g kulhydrat og 12 g protein.

51.   **Indisk spidskommen Karry Fries**

SAMLET TILBEREDNINGSTID: 5 MINUTTER
SERVERING: 6
UDSTYR: 12-TOM HOLLANDSK OVN

INGREDIENSER

1 rødbrun kartoffel, skåret i strimler og udblødt
1 liter vegetabilsk olie til stegning
1/4 tsk karrypulver
1/4 tsk spidskommen
salt

VEJLEDNING

Opvarm olien ved hjælp af en hollandsk ovn til 275 grader, og steg derefter kartoflerne i 6 minutter, vend dem og steg i yderligere 3 minutter.

Hæv temperaturen til 350 grader, og steg derefter fritterne igen i 5 minutter.

Kom alle chipsene i en skål, drys salt, spidskommen og karry over dem, og rør godt sammen.

ERNÆRING

Kalorier. 8; Fed. 0,47 g; Kulhydrater. 0,93 g; Protein. 0,37 g

52.   Kødbrød burgere

SAMLET TILBEREDNINGSTID: 10 MINUTTER
SERVERING: 6
UDSTYR: 12-TOM HOLLANDSK OVN

INGREDIENSER:
¼ kop BBQ sauce
2-pund hamburger
Worcestershire sauce, 1 spsk
¼ kop tomatsauce
2 æg
8 kiks, knust
1 løg, hakket
Salt, 1 tsk
1 tsk peber
1 spsk hakket persille
1 tsk malet oregano

VEJLEDNING

Bland alle ingredienser og lav derefter 8 bøffer.
Læg bøffer på det opvarmede låg.
Vend efter 4 minutters kogning og kog i yderligere 4 minutter.

ERNÆRING

kalorier: 524kcal, kulhydrater: 43g, Protein: 27g, Fedt: 26g,
mættet fedt: 10g, kolesterol: 109mg, Natrium: 1123mg, kalium:
560mg, Fiber: 2g, sukker: 15g

53.   **Hollandske ovn dessert burritos**

SAMLET TILBEREDNINGSTID: 25 MINUTTER
SERVERING: 6
UDSTYR: 12-TOM HOLLANDSK OVN

INGREDIENSER:
1 dåse tærtefyld
12 mel tortillas
pisket topping

VEJLEDNING
Hæld fyldet i den hollandske ovn.
Læg en tortilla på det opvarmede låg, varm den op på den ene side, vend den om og opvarm den anden.
Tag en tortilla, fordel tærtefyldet over den, rul den sammen som en burrito, og top med flødeskum for at lave din burrito.

ERNÆRING
Kalorier: 665kcal | Kulhydrater: 3,6g | Protein: 39g | Fedt: 53,5g | Mættet fedt: 16,6g | Kolesterol: 161mg | Natrium: 644mg | Kalium: 97mg | Fiber: 1g | Sukker: 2,1 g

54.   Hollandsk Ovn taco kage

SAMLET TILBEREDNINGSTID: 25 MINUTTER
SERVERING: 6
UDSTYR: 12-TOM HOLLANDSK OVN

INGREDIENSER

1 dåse grøn chili
1/4 tsk rød peberfrugt
4 majstortillas, bagte
1 dåse tomatpuré
1/4 tsk spidskommen
1 flaske taco sauce
2 pund hakkebøf
1 løg, hakket
8 oz. Monterey jack ost revet

VEJLEDNING

Svits hakket kød og løg.

Tilsæt rød peberfrugt, spidskommen, grønne chili, tomatpuré og tacosauce.

Pak aluminiumsfolie rundt om den hollandske ovn.

Top tortillaerne med halvdelen af hakkebøfsblandingen og halvdelen af sauceblandingen.

Fordel den resterende kød- og sauceblanding over toppen af det andet lag tortillas.

Læg ost ovenpå.

Bag med låg på indtil osten smelter.

ERNÆRING

Kalorier 525, Fedt 20,2 g, Natrium 1487,4 mg, Kulhydrat 50,6 g, Sukker 5,8 g, Protein 37,3 g

55.   Hollandsk kødbrød med grøn bønne i ovn

SAMLET TILBEREDNINGSTID: 30 MINUTTER
SERVERING: 6
UDSTYR: 12-TOM HOLLANDSK OVN

INGREDIENSER:
1 kop løg, i tern
2 kopper kartoffelmos
14-ounce dåse grønne bønner, drænet
1 pund hamburger
10-ounce dåse tomatsuppe
½ kop revet cheddarost

VEJLEDNING
Brun burgeren i den hollandske ovn, og dræn den derefter.
Tilsæt grønne bønner og en dåse tomatsuppe.
Tilsæt ost og kartoffelmos og bag indtil osten er smeltet.

ERNÆRING
Kalorier: 356kcal | Kulhydrater: 10g | Protein: 23g | Fedt: 25g |
Mættet fedt: 9g | Natrium: 474mg | Fiber: 1g

56.   Fremragende Chile Relleno

SAMLET TILBEREDNINGSTID: 1 TIME
SERVERING: 6
UDSTYR: 12-TOM HOLLANDSK OVN

INGREDIENSER:
30 ounce inddampet mælk
14 ounce hele grønne chilier, skrællede
Cheddar ost, 1 pund
Monterey Jack ost, 1 pund
4 æg
16 ounce dåse tomatsauce
2 spiseskefulde fire

VEJLEDNING
Læg chili i lag og drys rigeligt ost ovenpå.
Tilsæt mel og inddampet mælk og bland.
Bages i cirka 35 minutter.
Læg tomatsauce og Monterey Jack ovenpå og kog i yderligere
17 minutter.

ERNÆRING
Kalorier 421, fedt 33 g, mættet fedt 19 g, kolesterol 202 mg,
natrium 480 mg, kulhydrater 6 g, fibre 1 g

57.   Indisk pemmikan

SAMLET TILBEREDNINGSTID: 10 MINUTTER
UDSTYR: 12-TOM HOLLANDSK OVN
SERVERINGER: 4

INGREDIENSER

1 kop rosiner
2 pund beef jerky
1/2 kop rosiner
oksetalg

VEJLEDNING

Blend kødet til en fin puré med en blender og tilsæt derefter
rosiner.
Vend på en gelépande og lad den køle helt af.
Skær i strimler og derefter i brede stænger.
Brug Ziploc-poser til opbevaring.

ERNÆRING

Kalorier: 388kcal, Kulhydrater: 1g, Protein: 34g, Fedt: 28g,
Sukker: 1g

58.   Pølsekugler i en hollandsk ovn

SAMLET TILBEREDNINGSTID: 15 MINUTTER
UDSTYR: 12-TOM HOLLANDSK OVN
SERVERINGER: 6 DESIN

INGREDIENSER

3 kopper kiks
1 æg
6 ounce cheddarost, revet
1 pund pølse

VEJLEDNING

Kombiner alt med dine hænder.
Lav bolde ud af pinch-off bits.
Kog ved 350 grader i 15 minutter

ERNÆRING

Kalorier 199kcal, Protein 8g, Fedt 17g, Mættet fedt 7g,
Kolesterol 51mg, Natrium 881mg

SUPPER, GREDE OG CHILI

9.   **Italiensk minestronesuppe**

SAMLET TILBEREDNINGSTID: 20 MINUTTER
SERVERINGER: 4
UDSTYR: 12-TOM HOLLANDSK OVN

INGREDIENSER:

1 gulerod, hakket

1 tsk tørret basilikum

1 løg, hakket

4 fed hvidløg, hakket

Olivenolie, 4 teskefulde

Bouillon, 4 kopper

3 oz. quinoa pasta skaller

1 tsk tørret oregano

2 selleristængler, hakket

15-ounce dåse cannellini bønner

Knib sort peber

1 fennikelløg, hakket

1 zucchini, hakket

4 kopper babyspinat

14 ounce ristede tomater i tern

1 tsk havsalt

VEJLEDNING:

Sauter løg, hvidløg, selleri, gulerod, basilikum og oregano i lidt olie; lad det simre under omrøring af og til i 3 minutter.

Kog zucchini og fennikel sammen i yderligere 3 minutter.

Tilsæt bouillon og tomater.

Når pastaen er næsten færdig, tilsæt grøntsager, sænk varmen til et kogepunkt og kog i 8 minutter.

Kog i yderligere tre minutter efter tilsætning af bønner og spinat.

ERNÆRING

Kalorier: 201kcal | Mættet fedt: 0,4g | Fedt: 2,6g | Protein: 9,3g | Kulhydrater: 31,8g| Sukker: 6,2g | Fiber: 11,9g

Amerikansk hvid chili

SAMLET TILBEREDNINGSTID: 30 MINUTTER
SERVERINGER: 4
UDSTYR: 12-TOM HOLLANDSK OVN

INGREDIENSER:

1 kop tør quinoa, skyllet og kogt
1/4 kop hakket koriander
30 ounce cannellini bønner, drænet
2 spsk olivenolie
4 fed hvidløg, hakket
Røget paprika, 1/2 tsk
Chilipulver, 1 spsk
1 tsk stødt koriander
1 tsk havsalt
2 dl grøntsagsbouillon
1 jalapeno
2 tsk tørret oregano
2 løg, hakket
2 peberfrugter, hakket

VEJLEDNING:

Svits løg, peberfrugt og hvidløg i olie i 3 minutter.
Tilsæt krydderier, bønner og bouillon; bring i kog.
Kog i 18 minutter, under omrøring af og til, tildækket.
Tilsæt salt og koriander.

ERNÆRING

310 kalorier, 35 g kulhydrater, 36 g protein, 4 g fedt

1. **Gylden græskarsuppe med sprød salvie**

SAMLET TILBEREDNINGSTID: 15 MINUTTER
SERVERING: 6
UDSTYR: 12-TOM HOLLANDSK OVN

INGREDIENSER

Kanelpulver, 1 tsk

Cayennepulver, 1 tsk

2 spsk ren ahornsirup

1 spsk hakket salvie

14 ounce kokosmælk

Olivenolie, 2 spsk

5 kopper græskar, skåret i tern og grillet

Kosher salt og kværnet peber

1 skalotteløg i tern

Knib havsalt

4 spsk saltet smør

1 kop rå græskarkerner, ristede

VEJLEDNING

Indstil ovnen til 400°F.

Kast Butternut squash, skalotteløg, olivenolie, ahornsirup, stødt salvie, cayennepeber, kanel og et strejf af salt og peber i en hollandsk ovngryde.

Purér de ristede grøntsager med lidt vand, indtil de er glatte.

Tilsæt halvdelen af smørret og kokosmælken og lad det simre i 5 minutter.

Smelt det resterende smør og kog de hele salvieblade i et minut på hver side.

Tilsæt salt til salvie og græskarkerner i gryden.

Server, pyntet med sprøde salvieblade og græskarkerner.

ERNÆRING

Kalorier: 889kcal | Kulhydrater: 97g | Protein: 16g | Fedt: 58g | Mættet fedt: 34g | Kolesterol: 136mg | Natrium: 1486mg | Kalium: 4698mg | Fiber: 8g | Sukker: 41 g

Brændt tomatsuppe med smør

SAMLET TILBEREDNINGSTID: 10 MINUTTER
SERVERINGER: 4
UDSTYR: 12-TOM HOLLANDSK OVN

INGREDIENSER
TOMAT BASILIKUMSSUPPE

1 kop sødmælk
1 løg
2 spsk timian
28 ounce hele flåede tomater, ristede
Kosher salt og kværnet peber
3 spsk saltet smør
6 spsk citron basilikum pesto

VEJLEDNING

Blend ristede tomater, løg og mælk til en jævn masse.
Kombiner alt undtagen pestoen ved hjælp af en hollandsk ovn og opvarm den grundigt i 3 minutter ved 425°F.
Drys 3 spsk pesto på.

ERNÆRING

Kalorier: 175kcal | Kulhydrater: 12g | Protein: 2g | Fedt: 13g | Mættet fedt: 3g | Natrium: 523mg | Fiber: 1g | Sukker: 7 g

3.   ## Kyllingesuppe med svampe

SAMLET TILBEREDNINGSTID: 40 MINUTTER
SERVERING: 8
UDSTYR: 12-TOM HOLLANDSK OVN

INGREDIENSER

10 fed hvidløg, hakket
1 tsk rød peberfrugt, skåret i tern
2 laurbærblade
12 ounce grønkål, stilke fjernet, blade knækket
1 pund færdigskårne D-vitaminberigede svampe
2 pund udbenet, skindfri kyllingebryst
2 kopper løg, i tern
2 spsk kokosolie
15 oz. kikærter, drænet
8 kopper saltfri hønsebouillon
3 selleristængler, skåret i skiver
2 gulerødder, skåret i skiver
4 kviste timian
Kosher salt, 2 teskefulde

VEJLEDNING

Svits gulerødder, løg og selleri i olie i 5 minutter.
Tilsæt svampe, hvidløg, kikærter, bouillon, timian og laurbærblade og bring det i kog.
Tilsæt kylling, salt og peber, og lad derefter kyllingen simre i cirka 30 minutter.
Riv kødet og kassér ben.
Kog grønkål i 5 minutter, og tilsæt derefter den strimlede kylling.

ERNÆRING

239 Kalorier; Protein 18g; Kulhydrater 24g; Fedt 9 g; Mættet fedt 2g

4. **Hollandsk ovn beriget suppe**

SAMLET TILBEREDNINGSTID: 30 MINUTTER
SERVERING: 8
UDSTYR: 12-TOM HOLLANDSK OVN

INGREDIENSER

1 pund færdigskårne D-vitaminberigede svampe

2 spsk olie

2 kopper løg, i tern

10 fed hvidløg, hakket

12 oz. krøllet grønkål, stængler fjernet, knækkede blade

8 kopper saltfri hønsebouillon

Kosher salt, 2 teskefulde

3 selleristængler, skåret i skiver

2 pund udbenet, skindfri kalkun

4 kviste timian

2 laurbærblade

2 gulerødder, skåret i skiver

15 oz. kikærter, drænet

1 tsk stødt rød peberfrugt

VEJLEDNING

Oliesvits alle ingredienserne, undtagen kalkun og grønkål; læg låg på og lad det simre i 25 minutter.

Tilsæt kalkun og grønkål til bouillonen; dæk til og kog i 5 minutter.

ERNÆRING

Kalorier 253, Fedt 6,5 g, Mættet fedt 1 g, Protein 28 g, Kulhydrat 22 g, Fiber 6 g, Kolesterol 54 mg

5. **Gylden gurkemeje blomkålssuppe**

SAMLET TILBEREDNINGSTID: 30 MINUTTER
SERVERINGER: 4
UDSTYR: 12-TOM HOLLANDSK OVN

INGREDIENSER

3 fed hvidløg, hakket
3 spsk vindruekerneolie
$\frac{1}{8}$ spiseskefulde knuste røde peberflager
1 spiseskefuld gurkemeje
$\frac{1}{4}$ kop sød kokosmælk
6 kopper blomkålsbuketter
1 spsk spidskommen pulver
1 løg- eller fennikelløg, hakket
3 kopper grøntsagsbouillon

VEJLEDNING

Sæt ovnen på 450 grader.
Kog blomkål og hvidløg i olie.
Vend jævnt med gurkemeje, spidskommen og rød peberflager.
Blomkål skal spredes ud i et enkelt lag på en bageplade og bages
i 30 minutter, eller indtil de er gyldenbrune.
Sauter løg i den resterende 1 spsk olie i en hollandsk ovn.
Bland det resterende blomkål i en gryde med løg og
grøntsagsbouillon.
Purér til det er glat og server med lidt kokosmælk.

ERNÆRING

Kalorier: 207kcal | Kulhydrater: 33,5g | Protein: 9,2g | Fedt:
5,4g | Mættet fedt: 1g | Kalium: 1226mg | Fiber: 8g | Sukker:
8,3g | Jern: 2mg

    # Hollandsk tømmermændssuppe

SAMLET TILBEREDNINGSTID: 45 MINUTTER
SERVERING: 6
UDSTYR: 12-TOM HOLLANDSK OVN
INGREDIENSER
16-ounce dåse surkål; skyllet

2 skiver bacon, kogt

½ pund polsk pølse; skåret i skiver og kogt

1 løg; hakket

2 spsk mel

2 stilke selleri; skåret i skiver

4 kopper oksebouillon

1 tsk kommenfrø

2 tomater; hakket

1 peberfrugt; hakket

2 tsk paprika

1 kop champignon, skåret i skiver

½ kop creme fraiche
VEJLEDNING
Kog grøntsagerne møre, og tilsæt løg og grøn peber.

Tilsæt den kogte pølse og bacon, oksebouillon, surkål, tomater, paprika og kommen.

Kog i 45 minutter.

Bland mel og creme fraiche og kom dem i suppen.

Fyld den hollandske ovn op med alt og kog i et ekstra minut.
ERNÆRING
Kalorier: 40kcal | Kulhydrater: 2g | Protein: 1g | Natrium: 390mg | Kalium: 59mg | Sukker: 1g | Vitamin A: 20IU | C-vitamin: 5,7mg | Calcium: 5mg | Jern: 0,4mg

7.   **Hollandsk ovn shoyu bouillon**

SAMLET TILBEREDNINGSTID: 10 MINUTTER
SERVERINGER: 4
UDSTYR: 12-TOM HOLLANDSK OVN

INGREDIENSER:

5 tørrede shiitakesvampe, brækket i stykker

4 teskefulde kokosolie

4 spsk dashi granulat

3 forårsløg, skåret i skiver

1 æble, udkeret, skrællet og hakket

1 tsk hvid peber

5 fed hvidløg, pillede

4 stykker oksehale

1 løg, i tern

2 selleristængler, hakket

1 citron

2 liter hønsebouillon

2 gulerødder, skrællet og hakket

175 ml sojasovs

2 teskefulde salt

1 hel kylling

1 laurbærblad

VEJLEDNING:

Tilsæt kokosolie, tør Shiitake, æble, selleri, gulerødder, løg og hvidløg i gryden.

Tilsæt kylling, oksehale og citron.

Opvarm den hollandske ovn til 90°C og sæt den i ovnen i 10 timer; bring suppen i kog.

Kom spaghettien i.

ERNÆRING

Kalorier: 55kcal, Kulhydrater: 5g, Protein: 7g, Fedt: 1g, Mættet fedt: 1g, Natrium: 2021mg, Fiber: 1g

8.   **Linse suppe**

SAMLET TILBEREDNINGSTID: 30 MINUTTER
SERVERINGER: 4
UDSTYR: 12-TOM HOLLANDSK OVN

INGREDIENSER

1 kop løg, i tern
2 teskefulde salt
1/2 tsk korianderpulver
2 liter kylling eller grøntsagsbouillon
1 pund linser
hakkede tomater, 1 kop
Hakket gulerod, 1/2 kop
Hakket selleri, 1/2 kop
2 spskolivenolie
1 tsk spidskommen

VEJLEDNING

Svits selleri, løg og gulerod i olie med en knivspids salt.
Bland koriander, spidskommen, linser, tomater og bouillon i.
Lad det simre et par minutter.
Brug en blender til at purere blandingen til den ønskede
konsistens.

ERNÆRING

Kalorier: 123kcal | Kulhydrater: 22g | Protein: 7g | Fedt: 1g |
Mættet fedt: 1g | Natrium: 197mg | Kalium: 439mg | Fiber: 9g |
Sukker: 4 g

9. Afrikansk jordnøddesuppe

SAMLET TILBEREDNINGSTID: 10 MINUTTER
SERVERINGER: 4
UDSTYR: 12-TOM HOLLANDSK OVN

INGREDIENSER

1 løg, hakket

1 spsk rapsolie

Koriander, 2 spsk

Citronsaft, 2 spsk

2 stængler selleri, hakket

2 spsk hakkede jordnødder

1 fed hvidløg, hakket

2 gulerødder, hakket

1 spsk ingefær, hakket

3 kopper grøntsagsbouillon

VEJLEDNING

Sauter alt, undtagen jordnøddesmør og citronsaft, i 5 minutter.
Overfør til en blender og blend godt.
Tilføj suppen tilbage til gryden sammen med jordnøddesmør og
citronsaft; kog i 5 minutter.

ERNÆRING

Kalorier: 300; Fedt: 7g; Mættet fedt: 1g; Kulhydrat: 54g; Fiber:
8g; Sukker: 11 g; Protein: 10g

O. Hollandsk ovn kyllingesuppe

SAMLET TILBEREDNINGSTID: 1 TIME
SERVERING: 8
UDSTYR: 12-TOM HOLLANDSK OVN

INGREDIENSER

2 spsk hakket purløg

3 pund stegt kylling

½ tsk estragon, hakket

2 kopper hakkede tomater

1 kop majskerner

½ kop grønne løg, hakket

1 tsk basilikum, hakket

½ kop afskallede ærter

6 kopper affedtet kyllingebouillon

½ kop søde kartofler i tern

½ kop tør sherry

VEJLEDNING

Kog kyllingestykkerne i sherry i cirka 10 minutter, og tilsæt derefter tomater, majs, grønne løg og søde kartofler.

Kog i 5 minutter efter tilsætning af ærter, forårsløg, basilikum, estragon og chili.

Tilsæt kyllingestykkerne, vand og bouillon.

Lad det simre i 50 minutter.

ERNÆRING

Kalorier: 450, Fedt: 19g, Mættet fedt: 4g, Natrium: 2195mg, Kulhydrater: 33g, Fiber: 5g, Sukker: 8g, Protein: 40g

1.   tysk kartoffelsuppe

SAMLET TILBEREDNINGSTID: 1 TIME 15 MINUTTER
SERVERING: 6
UDSTYR: 12-TOM HOLLANDSK OVN

INGREDIENSER:

6 kopper vand

3 kopper skrællede kartofler i tern

1 ¼ kop selleri i skiver

½ tsk salt

½ kop løg, i tern

1/8 tsk peber

Frikadeller drop:

½ tsk salt

1 sammenpisket æg

1/3 kop vand

1 kop universalmel

VEJLEDNING

Bland de første 6 ingredienser i en hollandsk ovn og lad det simre i ca. 1 time, indtil de er møre. Fjern og mos grøntsagerne

TIL BOLLER:

Bland mel, vand, salt og æg.

Drys på den varme suppe.

Dæk til og kog i cirka 15 minutter.

ERNÆRING

Kulhydrater 51 g; Kostfibre 9 g; Sukker 9 g; Fedt 0 g; Mættet 0 g.

2.   **Hamburger grøntsagssuppe**

SAMLET TILBEREDNINGSTID: 1 TIME
SERVERING: 6
UDSTYR: 12-TOM HOLLANDSK OVN

INGREDIENSER:

2 kopper kartofler i tern
4 kopper dåsetomater
1 pund hakkebøf
1½ kopper selleri i skiver
½ kop ris
5 kopper vand
1 kop løg, i tern
2 kopper strimlet kål
1 laurbærblad

VEJLEDNING

Svits løget i en hollandsk ovn og brun derefter oksekødet.
Tilsæt de resterende ingredienser, og lad grøntsagerne simre i
1 time, eller indtil de er bløde.

ERNÆRING

Kalorier: 207kcal | Kulhydrater: 15g | Protein: 22g | Fedt: 6g |
Mættet fedt: 2g | Kolesterol: 47mg | Natrium: 589mg | Kalium:
1070mg | Fiber: 4g | Sukker: 8 g

3.　　　**Waldorf Astoria gryderet**

SAMLET TILBEREDNINGSTID: 1 TIME
SERVERING: 6
UDSTYR: 12-TOM HOLLANDSK OVN

INGREDIENSER:
3 spiseskefulde tapioka minut
4 kartofler, skåret på langs
1 kop selleri, skåret i skiver
2 løg i tern
1 dåse suppevand
Salt, 1 tsk
2 pund rund bøf, i tern
10-ounce dåse tomatsuppe
2 kopper gulerødder, skåret i skiver

VEJLEDNING
I den hollandske ovn skal du arrangere grøntsagerne omkring de små kødstykker.
Tilsæt salt og tapioka.
Tilsæt vand og suppe og kog i ca. 1 time.

ERNÆRING
360 kalorier, 10 g fedt, 3 g mættet fedt, 605 mg natrium, 41 g kulhydrat, 28 g protein

4.   **Hollandsk ovn Hakket oksekød chili**

SAMLET TILBEREDNINGSTID: 2 TIMER
SERVERING: 6
UDSTYR: 12-TOM HOLLANDSK OVN

INGREDIENSER
1 spsk olie
4 spiseskefulde vand
2 tsk salt, sukker, Worcestershire, kakao, spidskommen, oregano
3 kopper dåsetomater
1 spsk Tabasco sauce
1 løg hakket
1 spsk chilipulver
2 pund hakkebøf
2 dåser kidneybønner

VEJLEDNING
I olie, brun hakkebøf og løg.
Tilsæt de resterende ingredienser, læg låg på og kog i 2 timer, tilsæt bønnerne til sidst.

ERNÆRING
Kalorier: 276, Fedt: 10g, Mættet fedt: 3g, Kolesterol: 40mg, Natrium: 158mg, Kulhydrater: 27g, Fiber: 8g, Sukker: 4g, Protein: 21g

5.   **Hollandsk Ovn Texansk chili**

SAMLET TILBEREDNINGSTID: 1 TIME
SERVERING: 6
UDSTYR: 12-TOM HOLLANDSK OVN

INGREDIENSER
2 pund roastbeef
20 oz. hakkede tomater
1 løg
1 spsk oregano
6 jalapeñopeberfrugter, frøet og hakket
Salt, 2 teskefulde
1 spsk spidskommen
6 fed hvidløg, hakket
4 spsk chilipulver
baconfedt

VEJLEDNING
Brun oksekød, løg og hvidløg i baconfedt.
Tilsæt Jalapenos og de andre ingredienser og kog i en time.

ERNÆRING
Kalorier 280; Fedt i alt 15 g, lør. fedt 6g; Natrium 640mg;
Kulhydrater 9g; Fiber 2g; Sukker i alt 3g; Protein 26g

6.   **Spicy Pinto bønne og pølse chili**

SAMLET TILBEREDNINGSTID: 1 TIME
SERVERING: 2,5 QUARTS
UDSTYR: 12-TOM HOLLANDSK OVN

INGREDIENSER

1 pund varm pølse
1/2 pund tørrede pinto bønner, kogte
1 pund hakkebøf
1 tsk koriander
1 liter tomatjuice
2 løg, hakket
Hakket hvidløg, 2 fed
6 ounce tomatpure
3 spsk chilipulver
5 laurbærblade
Salt, 1 tsk
Worcestershire sauce, 1 spsk
1 spsk eddike
1/2 tsk spidskommen pulver
1 tsk peber
1 tsk stødt allehånde
1 spsk tør sennep
knivspids rød peber
1 tsk kanelpulver
skvæt varm sauce

VEJLEDNING

Bland oksekød, løg og hvidløg i en hollandsk ovn.
Tilsæt de øvrige ingredienser og lad det simre i 1 time.
Tilsæt de kogte bønner og kassér laurbærbladet.

ERNÆRING

Kalorier: 334kcal | Kulhydrater: 33g | Protein: 17g | Fedt: 15g |
Mættet fedt: 4g

7.   **Hollandsk Ovn Hakket Beef Chili**

SAMLET TILBEREDNINGSTID: 1 TIME
SERVERING: 6
UDSTYR: 12-TOM HOLLANDSK OVN

INGREDIENSER

1 pund rå kidneybønner, kogt og drænet

1 pund hakkebøf

1 spsk spidskommen

20 oz. hakkede tomater

2 spsk chilipulver

1 løg, hakket

3 fed hvidløg, hakket

1 peberfrugt, hakket

Worcestershire sauce, 1 spsk

Salt og peber

1 kop rødvin

VEJLEDNING

Svits hvidløg og løg med hakket oksekød.

Tilføj de resterende komponenter.

Kog tildækket ved svag varme i cirka 1 time.

ERNÆRING

Kalorier 281; Fedt 15g, Mættet fedt 6g; Kulhydrater 10g;
Sukker 3g; Protein 25 g

 # Hollandsk ovnsvinekød og grøn chili

SAMLET TILBEREDNINGSTID: 1 TIME
SERVERING: 6
UDSTYR: 12-TOM HOLLANDSK OVN

INGREDIENSER

2 selleristængler, hakket
2 tomater, hakkede
1/2 kop Ortega Grøn Chiles
Svinekød, 2 pund
6 fed hvidløg, hakket
3 spsk jalapeno pebersauce

VEJLEDNING

Brun svinekød i olie og tilsæt derefter de resterende
ingredienser.
Tilføj en kop eller to vand.
Kog tildækket ved svag varme i 1 time.

ERNÆRING

Kalorier 492, fedt 16,1 g, mættet fedt 5,1 g, natrium 442 mg,
kulhydrater 10,3 g, fibre 2,8 g, sukker 0,8 g, protein 71,8 g

9.   **Chile Relleno gryderet**

SAMLET TILBEREDNINGSTID: 45 MINUTTER
SERVERING: 6
UDSTYR: 12-TOM HOLLANDSK OVN

INGREDIENSER

3 spiseskefulde mel
1 pund cheddarost
4 æg
2 dåser hele grønne chilier
1 pund Monterey Jack ost
13 oz. kondenseret mælk
Salt og peber

VEJLEDNING

Læg cheddarost ovenpå chilierne i bunden af en smurt hollandsk ovngryde.
Tilsæt Jack's cheese på toppen og hæld derefter de piskede æggeblommer, mælk, mel, salt og peber oven på gryden.
Ved 325 grader.Bag i 45 minutter

ERNÆRING

Kalorier 421, fedt 33 g, mættet fedt 19 g, kolesterol 202 mg, natrium 480 mg, kulhydrater 6 g, fibre 1 g, protein 26 g

0.   Oksekød og grøntsagssuppe

SAMLET TILBEREDNINGSTID: 1 TIME 20 MINUTTER
SERVERING: 4,5 QUARTS
UDSTYR: 12-TOM HOLLANDSK OVN

INGREDIENSER

16 oz. af tomatsauce

1 rød varm peber

1 tsk salt

1 kål, hakket

15 oz. engelske ærter

1 pund gryderet oksekød, i tern

1 tsk peber

7 kopper vand

2 oksekødssuppeben

4 kartofler i tern

4 gulerødder, hakket

17 oz. hele kernemajs

VEJLEDNING

Fyld en hollandsk ovn med vand, oksekød og ben.

Lad det simre i en time.

Dæk gryden til og kog oksekødsternene i endnu en time.

Tilsæt alt andet, læg låg på og lad det simre i 40 minutter.

Tilsæt majs og ærter, og kog derefter i 40 minutter.

ERNÆRING

Kalorier 213, fedt 3 g, kulhydrater 25 g, fibre 5 g, protein 22 g

1.   Hollandsk ovn cowboysuppe

SAMLET TILBEREDNINGSTID: 30 MINUTTER
SERVERING: 6
UDSTYR: 12-TOM HOLLANDSK OVN

INGREDIENSER

1 dåse tomater
1 dåse grønne bønner
kartoffelbåde
1 dåse ærter
1 pund hakkebøf
1 dåse majs
Knip muskatnød, salt og peber
1 løg
1 dåse baked beans
Knib chilipulver
1 dåse tomatsuppe
1 laurbærblad

VEJLEDNING

Svits hakket kød og løg, indtil det er brunet.
Tilsæt alle ingredienser og kog i 30 minutter.

ERNÆRING

Kalorier: 273, samlet fedt: 11 g, mættet fedt: 4 g, natrium: 475
mg, kulhydrater: 25 g, fibre: 4 g, sukker: 6 g, protein: 20 g

2.	**Kartofler og bouillon**

SAMLET TILBEREDNINGSTID: 40 MINUTTER
SERVERING: 6
UDSTYR: 12-TOM HOLLANDSK OVN

INGREDIENSER

2 pund nye kartofler

6 kopper vand

6 oksebouillon

VEJLEDNING

Tilsæt kartoflerne til det kogende vand.

Tilsæt bouillon og lad det simre i 40 minutter.

ERNÆRING

Kalorier 240, fedt 11 g, mættet fedt 5 g, natrium 299 mg,
kulhydrater 29 g, fibre 3 g, protein 8 g

3.   Hollandsk ovn hamburger gryderet

SAMLET TILBEREDNINGSTID: 1 TIME
SERVERING: 10 - 12
UDSTYR: 12-TOM HOLLANDSK OVN

INGREDIENSER

1 dåse kiks
2 pund hakkebøf
1 løg
2 fed hvidløg; hakket
28 oz. knuste tomater
2 kartofler, hakkede
2 stilke selleri
2 kopper vand
Salt og peber
2 gulerødder, hakket

VEJLEDNING

Brun kødet i en hollandsk ovn med løg og hvidløg.
Tilsæt tomater og grøntsager.
Kog i 45 minutter og læg derefter kiksene oven på stuvningen i yderligere 20 minutter.

ERNÆRING

Kalorier 242, Fedt 3,7 g, Natrium 367,2 mg, Kulhydrat 23 g, Sukker 7,2 g, Protein 27,8 g

4.   **Hollandsk ovn lasagne suppe**

SAMLET TILBEREDNINGSTID: 15 MINUTTER
SERVERING: 8
UDSTYR: 12-TOM HOLLANDSK OVN

INGREDIENSER

Tomatpuré, 2 spsk

2-pund italiensk pølse

4 fed hvidløg; hakket

2 løg, hakket

2 teskefulde oregano

1 tsk rød peberflager

6 kopper hønsebouillon

8 oz. fusilli pasta

2 tsk olivenolie

Knib Salt og peber

3 kopper revet mozzarellaost

28 oz. dåse tomater i tern

2 laurbærblade

1 kop basilikum

1 kop revet parmesanost

8 ounces ricottaost

VEJLEDNING

Brug en hollandsk ovn, brun løg og kød i lidt olie.

Tilsæt flagerne, oregano og hvidløg og steg i et minut.

Bring i kog efter tilsætning af tomater, bouillon og laurbærblade.

Tilsæt pasta og basilikum; krydr med salt og peber og kog i yderligere 15 minutter.

Bland ostene i en skål.

Kom 2 spsk af ricottablandingen i bunden af skålen, top med mozzarella, og hæld suppen over.

ERNÆRING

Kalorier: 493kcal, Kulhydrater: 43g, Protein: 30g, Fedt: 23g, Mættet fedt: 9g, Fiber: 4g, Sukker: 7g

5.   **Hollandsk Ovn Chili**

SAMLET TILBEREDNINGSTID: 1 TIME
SERVERING: 6
UDSTYR: 12-TOM HOLLANDSK OVN

INGREDIENSER

2 pund udbenet rund bøf, i tern

8-ounce dåse tomatsauce

1 pund svinekød, i tern

1 tsk sort peber

1 spiseskefuld vegetabilsk olie

1/3 kop chilipulver

1 kop løg, i tern

1 tsk stødt salvie

1 spsk paprika

28-ounce dåser oksebouillon

2 tsk hvidløgspulver

1 tsk brun farin

2 spsk spidskommen

1 tsk timian

1 tsk tør sennep

VEJLEDNING

Opvarm olien; tilsæt oksekød og svinekød til den hollandske ovn. Kog indtil brunet.

Tilsæt peber. oksebouillon og tomatsauce, og lad det simre.

Tilsæt chilipulver, tør sennep, løg, spidskommen, paprika, brun farin og hvidløgspulver.

Kog i 1 time eller indtil kødet er meget blødt.

ERNÆRING

Kalorier 280; Fedt i alt 15 g, lør. fedt 6g; Natrium 640mg; Kulhydrater 9g; Fiber 2g; Sukker i alt 3g; Protein 26g

6.   Hollandsk Ovn rød og grøn chili

SAMLET TILBEREDNINGSTID: 1 TIME
SERVERING: 10 - 12
UDSTYR: 12-TOM HOLLANDSK OVN

INGREDIENSER

1 kop vand

2 pund bøf, i tern

3 spsk chilipulver

Hakket hvidløg, 2 fed

2 teskefulde sort peber

Salt, 1 tsk

3 28-ounce dåser kidneybønner

1 tsk oregano

1 løg, hakket

28-ounce dåse knuste tomater

3 7-ounce dåser grøn chili i tern

1 dåse tomatpure

VEJLEDNING

De første otte ingredienser skal kombineres i en zip-top-pose og opbevares i køleskabet.

Brun det hele i en gryde og lad det simre i 30 minutter.

ERNÆRING

Kalorier 278; Fedt 15g, Mættet fedt 6g; Kulhydrater 10g; Fiber 2g; Protein 26g

7.   ## Hollandsk bagt kyllingetærte

SAMLET TILBEREDNINGSTID: 45 MINUTTER
SERVERING: 6
UDSTYR: 12-TOM HOLLANDSK OVN

INGREDIENSER

2 tsk fjerkrækrydderi
1 løg, i tern
4 kartofler i tern
4 spiseskefulde olie
1 rør nedkølede halvmåneruller
Mælk, 1 kop
1/4 kop mel
2 tsk hakket hvidløg
2 dåser fløde kylling
3 pund kyllingebryst i tern
1 pund blandede grøntsager

VEJLEDNING

Kog og rør kylling og hvidløg, indtil kyllingen er mør.
Tilsæt kartofler og løg med kyllingen i 10 minutter.
Til kyllingeblandingen tilsættes alle ingredienserne undtagen
halvmånerullerne; bring i kog.
Læg halvmåneruller på kyllingeblandingen.
Bages ved 350 grader Fahrenheit med låg på den hollandske ovn.
Når rullerne er gyldenbrune og smuldrende, er pot pie klar.

ERNÆRING

Kalorier: 255kcal, Kulhydrater: 34g, Protein: 7g, Fedt: 11g,
Mættet fedt: 7g, Fiber: 3g, Sukker: 3g

8.   Kartoffelsuppe

SAMLET TILBEREDNINGSTID: 25 MINUTTER
SERVERINGER: 4
UDSTYR: 12-TOM HOLLANDSK OVN

INGREDIENSER

2 kopper mælk

6 ribben selleri, hakket

Salt, 1 tsk

6 spsk smør i tern

8 kopper hønsebouillon

2 gulerødder, hakket

1 løg, i tern

6 spsk universalmel

6 kartofler, skrællet og skåret i tern

1 tsk peber

VEJLEDNING

Kog kartofler, gulerødder og selleri i vand i en hollandsk ovn i 20 minutter, eller indtil de er møre.

Dræn og stil væsken og grøntsagerne til side.

Svits løget i smør og bland derefter mel, salt, mælk og peber i.

Kog, under jævnlig omrøring, i 2 minutter.

Tilsæt de kogte grøntsager og den reserverede kogevæske.

ERNÆRING

Kalorier: 280,6, Fedt: 604g, Mættet fedt: 3,2g. Natrium: 445,9 mg, Kulhydrater: 46,1 g, Fiber: 3,7 g, Protein: 11,1 g

9.   **Dutch Oven hummerbisque**

SAMLET TILBEREDNINGSTID: 15 MINUTTER
SERVERINGER: 4
UDSTYR: 12-TOM HOLLANDSK OVN

INGREDIENSER

1 løg, hakket
5 spiseskefulde smør
3 grønne porrer, skåret i skiver
1 kop hummer, strimlet
2 gulerødder, skrællet, skåret i tern
2 kopper muslingejuice
3 kopper flækkede hummerskaller og -haler
1 tomat, frøet, skrællet og hakket
4 spiseskefulde mel
1 kop østers

VEJLEDNING

Sauter porrer, løg, tomat og gulerod i lidt smør.
Tilsæt hummerskaller og østersvæske og lad det simre i 45 minutter.
Tag skallerne af og kassér dem.
Kog 4 spiseskefulde smør og 4 spiseskefulde mel, indtil en lysebrun farve vises.
Fyld ovnen op mednoget afvæsken og pisk godt.
Tilsæt den resterende væske, mens du kærner kraftigt; bring i kog.
Tilsæt østers, grøntsager og hummerkød og kog ved svag varme i cirka 10 minutter.

ERNÆRING

Kalorier: 224kcal | Kulhydrater: 9g | Protein: 8g | Fedt: 16g | Mættet fedt: 8g | Kolesterol: 85mg | Natrium: 475mg

DESSERTER

90.   Ananas på hovedet kage

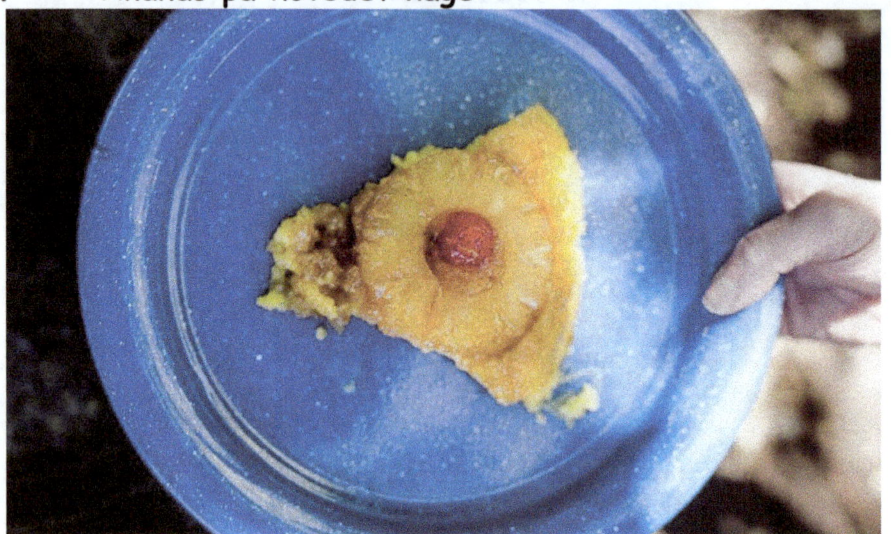

SAMLET TILBEREDNINGSTID: 1 TIME
SERVERING: 8
UDSTYR: 12-TOM HOLLANDSK OVN &SØLVPAPIR

INGREDIENSER:
1½ tsk bagepulver
6 skiver ananas
2/3 kop brun farin
½ tsk salt
1/3 kop smør
Mælk, 1 kop
8-10 maraschinokirsebær
Vanilje, 1 tsk
1 æg
1 ¼ kop mel
1 kop sukker

VEJLEDNING
Pak aluminiumsfolie rundt om den hollandske ovn.
Indstil ovnen til 350 grader Fahrenheit.
Smelt smørret i ovnen og tilsæt derefter brun farin ovenpå smørret.
Arranger ananasskiver og ananasringkirsebær over en smør-sukkerblanding.
Bland de resterende ingredienser og pisk i 3 minutter, eller indtil glat.
Læg dejen i lag oven på ananastoppingen.
Bages i 50 minutter over kul i bunden og toppen.

ERNÆRING
Kalorier 367, Fedt 14 g gram, Mættet fedt 3,4 g gram, Kulhydrater 58 g gram, Fiber 0,9 g gram, Protein 4 g

91.   ## Hollandsk Ovn dump kage

SAMLET TILBEREDNINGSTID: 25 MINUTTER
SERVERING: 6
UDSTYR: 10-TOM HOLLANDSK OVN

INGREDIENSER:

½ kop smør
21-ounce dåse frugtkagefyld efter eget valg
1 æske kagemix med frugtfyld
12-ounce dåse citron-lime sodavand

VEJLEDNING

Pak aluminiumsfolie rundt om din ovn.
Smelt smør ved hjælp af en hollandsk ovn; Tilsæt tærtefyld og drys derefter tærteblanding ovenpå.
Bag i 25 minutter med sodavand på toppen.

ERNÆRING

Kalorier 574, fedt 24 g, mættet fedt 11 g, natrium 764 mg, kulhydrater 87 g, fibre 4 g, protein 1 g

92.   Hollandsk Ovn Æble Cookie Cobbler

SAMLET TILBEREDNINGSTID: 35 MINUTTER
SERVERING: 6
UDSTYR: 12-TOM HOLLANDSK OVN

DEJSKORPE:
2 kopper mel
1 spsk mælk
Sukker, 1 kop
Smør, 1/3 kop
Bagepulver, $1\frac{1}{4}$ tsk
1 sammenpisket æg
$\frac{1}{4}$ tsk salt

$\frac{1}{2}$ tsk vanilje
FYLDNING:
1-1/2 tsk kanel
6 kopper skåret og skrællede æbler
1 kop brun farin
knivspids muskatnød
2 spsk mel
$\frac{1}{2}$ spsk citronsaft

VEJLEDNING
Bland sukker og smør.
Bland æg, mælk og vanilje i.
Sigt de tørre ingredienser sammen.
Bland den cremede blanding.
Bland sukker og kanel.
Drys over dejen; bages i 35 minutter, eller indtil de er gyldenbrune.
Top med flødeskum.

ERNÆRING
Kalorier. 430; Fed. 11,44 g; Kulhydrater. 79,07 g; Protein. 4,97 g

93. Simpelthen hollandsk ovnchokoladekage

SAMLET TILBEREDNINGSTID: 1 TIME
SERVERING: 8
UDSTYR: 12-TOM HOLLANDSK OVN

INGREDIENSER:
2/3 kop vegetabilsk olie
Chokoladechips
2 kopper sukker
3 kopper mel
2 kopper koldt vand
flormelis
Salt, 1 tsk
2 spiseskefulde eddike
½ kop kakao
2 tsk bagepulver

VEJLEDNING
Bland de tørre ingredienser og bland derefter de resterende ingredienser grundigt i.
Smør og mel hollænderne og hæld derefter kagedejen i og top med chokoladechips.
Brug 10 kul i bunden og 17 kul i toppen i 40 minutter i ovnen.
Efter 20 minutter fjernes den fra den lave varme og bages færdig på toppen.
Før servering drysses med flormelis.

ERNÆRING
510 kalorier, 243 g fedt, 15 g mættet fedt, 68 g kulhydrat og 7 g protein.

94.   Hollandsk Oven fersken dessert

SAMLET TILBEREDNINGSTID: 35 MINUTTER
SERVERING: 6
UDSTYR: 12-TOM HOLLANDSK OVN

INGREDIENSER:

2/3 kop smør

2 tsk vanilje

3 kopper mel

1 kop sukker

3 tsk bagepulver

2-16 ounce fersken på dåse,

1 kop brun farin

2 æg

Salt, 1 tsk

$1\frac{1}{2}$ kop mælk

VEJLEDNING

Dæk den hollandske ovn med aluminiumsfolie.

Sæt de afdryppede ferskner i bunden af den hollandske ovn.

Bland dejen i.

Bages i 35 minutter på 8 kul i bunden og 16 kul på toppen med låg.

ERNÆRING

Kalorier: 357 | Kulhydrater: 52g | Protein: 4g | Fedt: 16g

95.   Hollandsk ovn æblesprød

SAMLET TILBEREDNINGSTID: 20 MINUTTER
SERVERING: 6
UDSTYR: 12-TOM HOLLANDSK OVN

INGREDIENSER:
Havregryn, 1 kop
½ kop brun farin
2 spiseskefulde honning
2 teskefulde kanel
Æbletærtefyld, 4 dåser
1 tsk citronsaft
knivspids muskatnød

VEJLEDNING
Svits æbletærtefyldet i ovnen.
Hæld honning og citronsaft over fyldet.
Bland de tørre ingredienser og fordel det over æblerne.
Kog i 20 minutter, indtil havregrynene er gyldenbrune.

ERNÆRING
Kalorier. 430; Fed. 11,44 g; Kulhydrater. 79,07 g; Protein. 4,97 g

96.   Hollandsk ovn brombær budding

SAMLET TILBEREDNINGSTID: 45 MINUTTER
SERVERING: 10 - 12
UDSTYR: 12-TOM HOLLANDSK OVN

INGREDIENSER

Kogende vand, 2 kopper
Mel, 2 kopper
Bagepulver, 2 teskefulde af
Mælk, 1 kop
Smør, 1/3 kop
2 kopper sukker
Salt, 1 tsk
2 kopper brombær

VEJLEDNING

Pisk sukker og smør.
Sigt mel, salt og bagepulver sammen; tilsæt derefter sukker og smørcreme sammen med mælken.
Bland det hele og hæld i en hollandsk ovn.
Drys brombærene ovenpå og hæld det varme vand over blandingen.
Bages ved 350 grader i cirka 45 minutter, indtil toppen er gyldenbrun.

ERNÆRING

250 kalorier, fedt: 10 g, mættet fedt: 6 g, kulhydrater: 37 g, fibre: 2 g, sukker: 21 g, protein: 1 g

97.   Hollandsk ovn ananas kage på hovedet

SAMLET TILBEREDNINGSTID: 40 MINUTTER
SERVERING: 10 - 12
UDSTYR: 12-TOM HOLLANDSK OVN

INGREDIENSER
1 krukke maraschinokirsebær
Brun farin, 1/2 kop
8-ounce dåse ananas, skåret i skiver
non-stick spray
1 pakke kagemix

VEJLEDNING
Lav kagen efter pakkens anvisninger.
PAM indersiden af ovnen og anret ananassen i den hollandske
ovns bund.
Arranger kirsebær i midten af ananasskiver.
Brun farin skal drysses over frugten.
Bages i 40 minutter, tildækket.
Vend den hollandske ovn på en tallerken.

ERNÆRING
Kalorier 188, Protein 4g, Fiber2g

     Frugtskomager i en hollandsk ovn

SAMLET TILBEREDNINGSTID: 40 MINUTTER
SERVERING: 8
UDSTYR: 12-TOM HOLLANDSK OVN

INGREDIENSER
½ stang smør, skåret i skiver
1 æske kagemix
Sukker
valgfri frugt

VEJLEDNING
Smør den hollandske ovn let med olie og fyld 2/3 med hakket frugt.
Drys med sukker.
Tilsæt kageblanding til frugten.
Læg flere klatter smør i kageblandingen.
Bages i cirka 40 minutter.

ERNÆRING
Kalorier. 430; Fed. 11,44 g; Kulhydrater. 79,07 g; Protein. 4,97 g

99.   Dutch Oven tre chokoladekage

SAMLET TILBEREDNINGSTID: 28 MINUTTER
SERVERING: 10 - 12
UDSTYR: 12-TOM HOLLANDSK OVN

INGREDIENSER

12-ounce chokoladechips
1 chokoladekageblanding
1 pakke chokoladebudding

VEJLEDNING

Tilbered kageblandingen efter pakkens anvisninger.
Tilsæt buddingblanding og chokoladechips og fordel i en
forvarmet hollandsk ovn.
Bages i cirka 28 minutter.

ERNÆRING

512 kalorier, 20 g fedt, 11 g mættet fedt, 68 g kulhydrat og 7 g
protein.

100.   Hollandsk Ovn Frugt Crisp

SAMLET TILBEREDNINGSTID: 40 MINUTTER
SERVERING: 10 - 12
UDSTYR: 12-TOM HOLLANDSK OVN

INGREDIENSER
FRUGT:
Kanel, 1 tsk
1 tsk citronskal
$1\frac{1}{2}$ spsk citronsaft
Muskatnød, 1 tsk
3 pund frugt, hakket
DÆKNINGSMIX:
1 tsk kanel
1 kop hurtigkogt havre
Brun farin, 1 kop
$\frac{1}{2}$ kop mel
1 stang smør, smeltet
$\frac{1}{2}$ tsk muskatnød

VEJLEDNING
Olie let den hollandske ovn.
Drys kanel og muskatnød over frugten.
Smelt smørret og tilsæt havregryn, mel og sukker.
Dæk frugten med toppingen
Bages i 40 minutter

ERNÆRING
Kalorier. 430; Fed. 11,44 g; Kulhydrater. 79,07 g; Protein. 4,97 g

KONKLUSION

Dette er den ultimative kogebog til langsomt tilberedte måltider i én gryde, der er nemme, lækre og trøstende - til højtider og hele året rundt.
God fornøjelse.

www.ingramcontent.com/pod-product-compliance
Lightning Source LLC
Chambersburg PA
CBHW051057050726

47592CB00002B/571